행복한가?

오늘의 질문 지음

FOREST
WHALE

들어가며

손에 스치는 행복을 무시하고, 먼 곳만 바라봤습니다. 꽤 오래 행복을 찾았고, 행복해졌으면 하는 마음으로 글을 썼습니다. 이 책은 저의 하소연이기도, 커다란 질문에 대한 해답이기도 합니다.

"마지막 페이지를 쓰게 된다면, 행복을 찾을 수 있을까?"

이 생각을 머릿속에 묶어둔 채 책을 썼습니다. 누군가에게는 행복을 찾을 수 있는 등불이, 누군가에게는 행복을 볼 수 있는 안경이 되고 싶기도 했죠.

이 질문에 대한 정답은 당신이 만들어야 합니다. 부디 글의 마지막 획에 다다랐을 때는 당신의 행복을 찾기를 바랍니다. 이미 행복한 사람에게는 꾸준함이, 행복을 찾지 못한 사람에게는 갑작스러움이 나타나길 빕니다.

책 앞에 있는 당신의 행복을 이곳에 숨어 열심히 응원하겠습니다. 그러니 항상 행복을 잃지 말기를.

목차

들어가며 | 02

1. 행복을 보고 싶은 이유

행복 투정 | 12

오히려 나를 찾아와주길 | 14

행복이 보이는 눈 | 15

행복 선생님 | 16

행복해지려면 행복을 버려야 한다니 | 17

풀 수 없는 문제 | 18

밉다고 해야 덜 아플 것 같아서 | 19

아프지 않은 행복 | 21

행복을 왜 찾을까 | 23

행복해야만 하는 | 25

앞으로 걸어가고 있다는 믿음 | 26

행복해 보이는 사람 | 27

범람 | 28

내일도 내일이 있을 거라 믿으며 | 29

C#1 | 30

재밌는 하루였다 | 31

미래를 채울 색은 | 32

행복이 숨은 곳 | 33

행 씨 가족 | 34

의미 없는 기다림 | 35

행복을 하게 된 순간 | 36

후회해야 비로소 어제겠지 | 37

당신은 행복한가요? | 38

바보 같은 사람들 | 40

펜을 꺼낸 이유 | 41

2. 행복이 바라본 일상

게으른 행복 | 44

마음속 바다 | 46

나만의 특별한 물건 | 47

행복해졌으면 해서 | 48

행복은 이렇게 찾아오는 건가? | 49

산책 | 50

노래가 그려낸 하루 | 51

등잔 밑이 어둡더라 | 51

떠나보낸 행복 | 54

25층 | 55

구슬 아이스크림 | 56

소나기 | 57

비행운 | 58

가로등 | 59

신호등 | 61

아무도 보지 않는 풍경 | 63

편지 쓰는 법 | 64

눈으로 찍는 순간들 | 65

항상 설렘을 가지고 있는 이유 | 66

숨바꼭질 달인 | 67

준비된 즐거움 | 69

매일이 좋아질 수 있도록 | 70

매일이 지겨운 나에게 | 71

듣지 않으려 했고, 보지 않으려 했던 것들 | 72

매일 | 74

3. 행복의 뒷모습

당연하지만 당연하기 싫은 것 | 78

어쩌면 가장 아늑한 곳 | 79

불협화음 | 80

부담감, 죄책감 | 81

약한 나 | 82

어제까지는 믿었던 것 | 83

내가 가장 싫어하는 나 | 84

맛없을 텐데 | 85

어둡고 포근한 | 86

유난히 외로운 밤 | 87

사라지지 않는 외로움 | 88

모자란 화가 | 89

새벽 4시 | 90

잠들고 싶은 꽃 한 송이 | 91

착각이길 | 92

취한 웃음 | 93

끝내 찾지 못한 것 | 94

내가 두려운 나 | 95

자신이 없다 | 96

후회 | 97

거리 | 98

나만 빼고 다 행복해 보일 때 | 100

무관심 | 101

조용히 울던 날보다, 조용히 참던… | 102

하루쯤은 | 103

4. 행복해질 당신에게

삶의 벼랑 끝에 놓인 사람에게 | 108

내가 빛다워질 수 있도록 | 109

포기가 아니니까 | 110

행복 뒤에 불안, 불안 뒤에… | 111

아픈 것만큼 서러운 게 없더라 | 112

얻을 것 없는 싸움 | 113

천천히 걷는 연습 | 114

세상이 원하는 속도 | 115

이상한 용기 | 117

살아가는 일의 모서리 | 118

살아가는 방식 | 120

세상에 헛된 인생은 없기에 | 121

인생이 쓴 이유 | 122

탓 | 123

감정은 왜 모아 두어야 할까 | 124

원치 않아도 봐야 하는 이야기 | 125

웃음 속 담긴 우주 | 126

피고 싶은 꽃 | 127

마음가짐 | 128

행복한 삶이 지어질 때 | 129

아쉬움조차 아쉬운 순간 | 130

어떻게 하면 행복해질 수 있을까? | 131

한 컷 | 133

지금의 나에게 | 134

작은 응원 | 135

5. 행복과 눈이 마주치다

오늘은 오늘밖에 없으니까 | 140

미안한 하루 | 141

나무 | 142

처음 그리고 시작 | 143

신기한 마법 | 144

사랑, 사람 | 145

사랑, 그리고 행복 | 146

응원하고, 포옹하고, 이야기한다 | 148

사랑하는 영감에게 | 150

나조차 비치는 투명함 | 152

'나'라는 연필 | 153

내가 바라는 나 | 154

필요한 버벅임 | 155

내가 들을 수 있도록 | 156

꿈 | 158

시작과 끝 | 159

'나'를 사랑해야 하는 이유 | 160

행복에 대한 오해 | 161

행복과 또 다른 행복 사이 | 163

내 세계와 함께하는 사람들에게 | 165

하루를 또 보내는 법 | 167

다음 생의 나에게 | 168

행복이 되는 꿈 | 169

미래의 행복. 그곳을 향해 | 170

이제 그만 | 172

1. 행복을 보고 싶은 이유

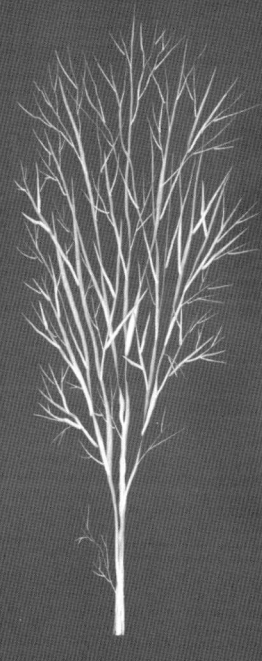

행복 투정

"행복해지게 해주세요"

오늘도
하늘을 바라보며
혼자 중얼거린다

근데 신은
나를 행복하게 만들 수 있을까

신은
행복이 무엇인지
정확히 알고 있을까

그렇게 묻고 또 묻다가
하늘에게 외치는 말이 달라졌다

"행복이 무엇인지 알려주세요"

오히려 나를 찾아와주길

있는 힘껏
행복을 찾는 것 같지만

사실
그리 열심히 찾고 있진 않다

찾을 수 없다는 걸
이미 알고 있는 걸까

아니면
더 이상 찾는 데 지쳐버린 걸까

이제는
행복이 나를 찾아오길 바라고 있다.

행복이 보이는 눈

사소한 행복을 볼 수 있는
눈을 가지고 싶다

어떤 사람이 다가올 때
행복이 다가온다고
귀띔해 준다면
얼마나 좋을까

그럼 조금이라도
그 순간을 더 소중히 여길 수 있을 텐데.

행복 선생님

"오늘부터 행복하지 마"
그런 말을 듣는다면

비로소 나는 행복해질 수 있을까?

하지 말라고 하면
더 하고 싶어지는 법이라던데

말 안 듣는
청개구리 같은 나에게

누가 행복하지 말라고
얘기 안 해주나.

행복해지려면 행복을 버려야 한다니

행복해지려고 하지 않아야
비로소 행복해질 수 있다는데

어떻게 행복을 바라지 않을 수 있을까

아니

언제 행복을 바라지 않을 수 있을까.

풀 수 없는 문제

사소한 것에 행복을 느끼라고들 하지만
그 말 자체가 이미 사소하지 않다

나는 그저 행복하길 바랐을 뿐인데
어느새 일상 속에서 작은 행복을 찾는 내가
오히려 안쓰럽게 느껴진다

행복은 가까이 있다지만
그 가까움을 믿기까지가
어쩌면 가장 먼 여정일지도.

밉다고 해야 덜 아플 것 같아서

시선조차
허락하지 않아서

단 한 번도
봐주지 않아서

그런데도
자꾸 기대하게 해서

눈물 쏟고 있을 때
불쑥 나타나는 것도

겨우 기지개를 켜면
감쪽같이 사라지는 것도

어느 하나
내 편이 아니라서

그래서 나는
행복이 밉다.

아프지 않은 행복

행복은
날카로운 날개를 달고
마음에 꽂히곤 했다

깊이 박힌 채
잊히지 않는 날도 있었고

살짝 스며든 채
이름도 남기지 않은 날도 있었다

예전엔
오래 꽂혀 있는 행복이
진짜인 줄 알았다

하지만 이제는

빠져나가도

피 흘리지 않는 행복을 바란다.

행복을 왜 찾을까

내가 몇 층이나 아래에 있는지 모른다면, 얼마나 올라가야 하는지도 알 수 없다고 생각했다. 그래서 계속 행복을 찾았고, 동시에 얼마나 우울한지 고민했다.

생각보다 나는 아래 있지 않았다. 나름대로 행복한 삶이었지만, 나만 알지 못했다. 어쩌면 오만이나 자만 같은 것에 묶여 있었을지도 모른다.

세상에는 행복하지 않은 사람이 많았다. 아니, 어쩌면 행복한 사람을 찾는 일이 더 어려웠다.

왜 그럴까. 사람들은 어떤 이유로 행복을 느끼지 못하는 걸까. 아니, 왜 나는 행복을 느끼지 못할까. 어떻게 해야 행복해질 수 있을까.

그게 나의 첫 번째 질문이었다.

아직도 그 질문에 대한 해답을 찾고 있다. 아마 앞으로도 행복한 삶을 찾아 여행할 것이다. 행복한 사람을 찾기 위해 방황하고, 행복한 순간을 위해 추억을 쌓을 것이다.

나는 안다. 행복의 순간 안에 있으면서도,
행복을 느끼지 못한다는 것을.

결국 나는 행복을 찾게 될까.
아니면 어느새 잊고 살아가게 될까.

아직은 두렵지 않다.
설렘이 조금 더 크다.

행복해야만 하는

나는 행복해야만 하는 사람

과분한 사랑을 받으며
부족함 없이 자란 사람

큰 산을 넘지 않고
평탄한 길을 걸은 사람

자유롭게 꿈꾸고
별을 향해 손을 뻗는 사람

나는 행복해야만 하는 사람
그래야만 하는 사람.

앞으로 걸어가고 있다는 믿음

행복이라는 이정표를 따라
오늘도 느릿느릿 걷는다

누가 닦았는지도 모르는
평평하면서도 가지런한 길을

이미 길을 잃은 것 같지만
내가 바라보는 앞이
뒤가 아니길 바라며

오늘도 그저 걷는다.

행복해 보이는 사람

세상에서
가장 행복한 사람은 누구일까?

돈이 많은 사람?
유명한 사람?
사랑을 듬뿍 받는 아이들?
사랑을 하고 있는 연인들?

모두
행복해 보인다

행복한 건지
행복해 보이는 건지
모르겠지만.

범람

누군가의 행복한 모습은
내 마음의 수도꼭지를 튼다

서서히 마음은 부러움으로 잠기고
결국 흘러내려
질투로 쏟아진다

그 아래, 나는
온몸을 활짝 펴

조금의 질투도 새어 나가지 않게
온 힘으로 막고 있다.

내일도 내일이 있을 거라 믿으며

나는 마치
영원히 사는 사람처럼 살고 있다

어제를 곱씹지도 않고
오늘을 음미하지도 않는다

언제나
내일이 존재할 거라 믿고

언젠가
반드시 행복해질 거라 믿는다

인사 없이 떠난
오늘은 보지도 못했으면서.

C#1

행복은
참 어려운 역할이다

남은 마음 한 줌
손끝을 떨며 쥐어 짜내도
그 미소를 따라 할 수 없다

그래도 웃는다
눈가엔 점점 비가 고인다

내 무대는 아직 끝나지 않았다.

재밌는 하루였다

행복과 나는
아직 어색한 사이이다

수줍게 인사를 건넬 만큼
자주 본 사이도 아니고

오늘 내일을 함께 보낼 만큼
가까운 사이는 더더욱 아니라서

오늘도 나는
재미와 친구를 맺는다.

미래를 채울 색은

이 세상 모든 색의
크레파스를 가져다 놔도

행복한 미래는
그릴 수 없다

어떤 색의 사람이
내 옆을 지킬지

어떤 색의 세상을
살고 있을지

전혀 예상조차 할 수 없으니
선뜻 밝은 색을 꺼내 들 수 없다.

행복이 숨은 곳

고개를 아무리 돌려도
얼굴 한 번 본 적이 없고

'행복하구나' 싶어질 때면
있는 힘껏 뒤통수를 내려치는 걸 보니

행복은
내 뒤통수에 숨어 있는 게 분명하다.

행 씨 가족

행복과 행운은
성이 같아서 그런지
꽤 닮은 구석이 있다

늘 있는 듯 없고
찾을수록 더 멀어지지만

어느 날
불쑥 나타나
나를 흔들어 깨운다.

의미 없는 기다림

행복했던 시간을
조용히 묻으며 살다 보니

이제는
행복을 얼마나 기다렸는지도 모르겠다

분명 어제도
그제도
적당히 환한 날이었는데

왜 그때의 나를
행복이라 부르지 못했을까.

행복을 하게 된 순간

꽉 막힌 마음이 풀리고
모든 것에 다정해지고

예쁜 말이
불쑥 튀어나오고
내일이
괜히 기다려지고

바람 한 줄기
햇빛 한 조각을
살며시 어루만지게 되면

행복을 하게 된 거라고
말할 수 있을까.

후회해야 비로소 어제겠지

어제는 갔고
오늘은 왔다

한심했더니
후회가 왔고

열심히 했더니
또 후회가 왔다

그리고
깨달았다

아,
세상에
완벽한 어제는 없구나.

당신은 행복한가요?

매일 한 사람에게
"행복하냐"라고 물었다

처음엔
"잘 모르겠어요"라고 말했다

그러다 가끔
"이 정도면 행복한 거 아닐까요"라며 웃었고

끝 무렵엔
다시 "모르겠어요"로 돌아갔다

"행복하기란 어렵구나"
그런 생각이 들려던 찰나
그 사람이 말했다

"그래도, 조금씩 행복해지고 있는 것 같아요."

바보 같은 사람들

세상에 나의 행복을 바라는 사람은
나 하나뿐인 줄 알았다

그런데 사람들은
자기 행복도 다 채우지 못한 채
남의 행복을 빌어주더라

참
바보 같으면서도
고맙다.

펜을 꺼낸 이유

행복이 무엇인지
행복해지는 법은 무엇인지

정말 행복해지고 싶은 건지
행복했던 적은 있었는지

행복을 찾기 위해서
아니, 어쩌면
내가 갈 길을 찾기 위해서

그리고
나처럼 길을 잃은 사람에게
작은 빛 하나라도 건네기 위해서.

2. 행복이 바라본 일상

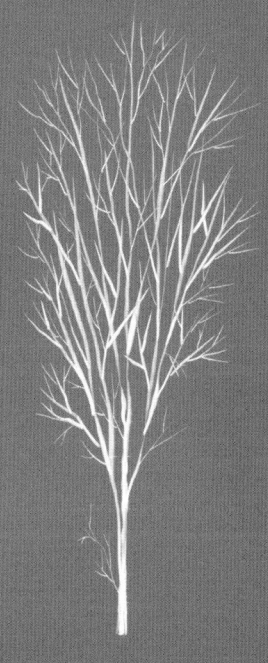

게으른 행복

누워 있는 게
참 좋다

고요하고
편안하다

마치 내가
녹고 있는
얼음이 된 것 같다

가끔
게으름이 찾아와
똑똑
나를 부르면

후다닥 달려 나가
문을 활짝 열어준다

비록
마음까지 편해지진 않지만

몸이 행복하니
그걸로 된 거겠지.

마음속 바다

따뜻한 차 한 잔은
괜히 사람을 차분하게 만든다

거센 파도가 일렁이는 바다를
잔잔한 호수로 바꿀 수는 없지만

바다를 한없이 따뜻하게 덥혀
편히 헤엄칠 수 있도록 해준다.

나만의 특별한 물건

나는
주머니에
나만의 동전을 넣고 다닌다

우리는
하나하나 특별한 존재이지만

가끔은
그 사실을 까맣게 잊기에

남들에게는 없는 것을
하나쯤 지니고 다닌다

티끌만큼 특별해진 나지만,

그 정도면 딱 좋다.

행복해졌으면 해서

주말 공원에는
행복이 가득하다

어떤 행복은
사랑과 손을 잡고 있고

어떤 행복은
네 발로 주인을 따라 뛴다

나는 오늘도
그 광경에 몸을 담근다.

행복은 이렇게 찾아오는 건가?

여유가 생기니 행복하더라

갑자기 튀어나온 벌레에
깜짝 놀라는 나를 보며 웃고

오줌 싸는 동상을 보며
괜히 멍을 때리더라

이게 삶인가 싶다가도
그래, 이게 삶이지 싶더라.

산책

걷자

불안과 걱정을
발끝에 꾹 눌러 담아

흙바닥 위에 한 걸음씩 찍어보자

한바탕 내리는 빗물을 삼키듯

내 안의 불안과 걱정도
조금씩 소화할 수 있도록.

노래가 그려낸 하루

귀를 스치는 음악은
생각보다 깊게
나의 기분을 흔든다

빗속을 걷는 듯한 선율엔
마음도 우중충해지고
차가운 음은
감정마저 서늘하게 식힌다

그러니 지금
여행을 부르는 듯한 노래를 들어보자

꽃들이 반가워 춤출 것 같은
그 멜로디를

그렇게, 언젠가

내 마음에도 따스한 햇살이 깃드는 그날까지.

등잔 밑이 어둡더라

눈에 담기 힘들 정도로
아름다운 공원 벤치에 앉아

매일 들어도 질리지 않는 노래와
선선한 바람을 맞으며

직접 고른 노트에
직접 구한 볼펜으로

행복이란 무엇인지 쓰고 있다

행복 위에 앉아
행복을 쓰고 있다.

떠나보낸 행복

앞을 볼 수 있다는 게
걸을 수 있다는 게
듣고 느낄 수 있다는 게
누군가에겐 가장 큰 행복이 되곤 한다

나는 그 감정에 완전히 공감하진 못했지만

문득

내가 얼마나 많은 사소한 기적을
무심히 지나치고 있었는지를 깨달았다.

25층

모든 면이 빛나는 건물은 없다

한쪽에 햇빛이 비치면
반대쪽엔 그림자가 진다

그로 인해 건물은
더욱 뚜렷해지고
웅장해진다

명심하자.

그림자는 건물을
더욱 건물답게 만든다

구슬 아이스크림

지나가던 길목
아이스크림 가게가 눈에 들어왔다

배가 고팠던 걸까
아니면 옛 기억이 떠올랐던 걸까

추억에 기억을 담고
맘껏 설렘을 느끼다 보니

어느새
아이스크림은 내 품에 안겨 있었다

오랜만에 느껴보는 달콤함
그 짧은 순간
길가의 아저씨는 아이가 되었다

소나기

구름이 세상에서 가장 행복해 보인다

수많은 친구가 있고
자유롭게 하늘을 거닌다

쓰러질 것 같은 강풍이 불어도
힘입어 더 빠르게 나아간다

근심 걱정 하나 없이
참 부러울 정도이다

하늘이 깜깜해진다
억울한 건가, 화가 난 건가

그렇다고 사람 얼굴에 침을 뱉냐.

비행운

하늘을 자르고 싶었던 비행기는
기다란 한 줄의 구름을 그렸다

비록 하늘을 자르진 못했지만

사라지지 않는 별똥별을 만들었다.

가로등

원할 때마다 빛날 수 있는
가로등이 되고 싶었다

버튼 하나만 툭 건드리면
순식간에 환하게 빛날 수 있다니

어느샌가 나는
가로등을 부러워하고 있었다

빛을 뿜어 거리를 밝히고
스스로 빛나는 존재가 되는 것

세상에서 가장 어려운 일이자
누구나 끝내 이루고 싶어 하는 목표

그런데 너는

도대체 어떻게

그걸 그렇게 당연하게 해내는 걸까.

신호등

신호등이 깜빡인다
곧 죽을 듯이 깜빡인다

한 아이가 뛴다
곧 끝날 깜빡임을 향해 뛴다

초록불이 꺼졌다
아이가 헉헉대며 멈춰 선다

찰나의 어둠이 신호등을 삼킨다
어색한 정적이 아이를 감싼다

신호등은 빨갛게 타오른다
빨개진 아이의 얼굴이 천천히 식는다

다시 신호등이 초록으로 물들자

아이는 미소 지어 인사하며

구름을 건너간다.

아무도 보지 않는 풍경

기차는
몸을 마구 흔들며 달린다

창밖을 보라고
계속 신호를 보내지만

누구도 기차의 말을 듣지 않는다

오늘도 기차는
몸을 흔든다

아름다운 풍경을, 함께 나누기 위해.

편지 쓰는 법

행복을 책상 위에 흩뿌린다
그 행복을 고이 모아
작은 네모 모양으로 만든다

내 마음을 담는다
진심도, 소중함도 곱게 담는다

잘 펴진 행복을 반으로
그리고 또 반으로 접는다

봉투에 넣는다

그렇게, 편지는 완성된다.

눈으로 찍는 순간들

사진을 별로 좋아하지 않는다

사진 속 나는
어딘가 부끄럽고

셔터를 누르는 것도
괜히 번거롭다

그래서
더 자주 눈을 깜빡인다

오래 보고
천천히 담는다

내가 사진기가 된다.

항상 설렘을 가지고 있는 이유

회를 먹지 않던 내가
광어회와 함께 소주잔을 기울이고

이야기를 좋아하지 않던 내가
이제는 이야기 속으로 예고 없이 뛰어든다

다음엔 또
무엇을 좋아하게 될까

마음이 급해질 정도로,
설렌다.

숨바꼭질 달인

땀에 젖은 날엔
차가운 물줄기가
행복이 되기도 하고

답답한 방을 나오면
맑은 하늘이
행복이 되기도 한다

누군가를 좋아하면
짧은 연락 한 줄이
행복이 되고

사랑에 빠지면
그녀의 맑은 눈빛이
세상 전부가 되기도 한다

행복은

늘 숨어 있었다

찾을 생각조차 하지 못했던

그 자리에.

준비된 즐거움

재미를 미리 찾아놓자

누구랑 있을 때
어디에 있을 때
무엇을 할 때
가장 재밌는지 기억해 두자

무료한 일상 속
재미가 간절해지는 순간이 찾아왔을 때

헤매지 않고
곧장 달려갈 수 있도록.

매일이 좋아질 수 있도록

좋아하는 것을
끊임없이 기억하자

매일 먹어도
질리지 않는 음식

매일 들어도
또 듣고 싶은 노래

매일 봐도
한 번 더 보고 싶은 사람

매일이었던 마음을
내일로 미루지 않기를 바란다.

매일이 지겨운 나에게

가끔은
비를 맞아보는 것도 좋다

늦은 시간
간식을 먹어보는 것도 좋고

새벽 내내
조용한 거리를 걸어보는 것도 좋다

가끔은 나에게
나답지 않은 하루를 선물해 주자.

듣지 않으려 했고, 보지 않으려 했던 것들

가끔은
소리에 귀 기울여 보자

땅을 두드리는 발소리
바람에 춤추는 나뭇잎 소리
쏜살처럼 스치는 차들의 울림
하루 끝에 맺힌 내 숨소리

가끔은
눈길을 머물러 보자

매일 밟는 땅의 빛깔
흔들리는 나무의 자태
스쳐 가는 차들의 표정
하루 끝에 비친 내 모습

언제나 곁에 있었지만
제대로 본 적 없고
제대로 들은 적 없으니

조금 더 가까이
조금 더 천천히
들어주고 바라보자.

매일

허투루 넘기지 말자

구름이 울먹이며 비를 떨구던 날을
온 세상이 숨죽이며 하얘지던 날을

꽃잎이 머뭇거리며 바람을 탔던 날을
낙엽이 조용히 등을 돌리던 날을

한때 어제였고
여전히 오늘이며
비로소 내일이 될 인생을 위해.

3. 행복의 뒷모습

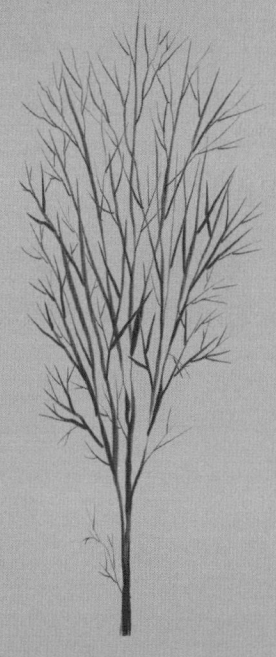

당연하지만 당연하기 싫은 것

우울한 법은 알지만
우는 법은 모르고

웃는 법은 알지만
행복한 법은 모른다.

어쩌면 가장 아늑한 곳

행복을 좇다 보면
가장 깊은 슬픔과 얼굴을 맞대게 된다

먼지 쌓인 상자 안에
고요히 숨어 있던 어둠이
조용히 발끝을 스칠 때면

그 어둠 속으로
천천히 걸음을 옮기게 된다

깜깜한 그곳에서
나오는 방법을 알고 있지만

가끔은
힘없이 그곳에
몸을 뉘곤 한다.

불협화음

인생은 노래와 같다고 여겼다

전주가 흐르고
음이 하나씩 쌓이며
클라이맥스를 향해 가는 것

그렇게 완성되어
비로소 아름다워지는 게 인생이라
믿었던 때가 있었다

설마 이렇게까지
불협화음일 줄은 몰랐다
이토록 엉망일 줄은.

부담감, 죄책감

언제부턴가
가만히 앉아 여유를 즐기는 것이
나태함으로 느껴졌고

언제부턴가
사람을 만나는 일이
사람을 고르는 일로 바뀌었다

그러는 사이
거울 속 나는
아빠와 닮아가기 시작했고

어느새 나는
한 번뿐인 인생을
하나하나 검사하기 시작했다.

약한 나

마른 줄 알았던 눈물샘이
어느 날, 왈칵 터져버렸다

딱히 위로받은 것도
감동받은 것도 아니었는데

그 자리에 주저앉아
터져 나오는 눈물을
마냥 흘려보냈다

이 눈물이 누군가를 적실까
이 눈물이 일상의 고요함을 흔들까

내게도 남은 눈물이 있다는 사실에
걱정이 앞선다.

어제까지는 믿었던 것

사람을 믿었고
사랑을 믿었고

꿈을 믿었고
조언을 믿었다

나를 믿었고
미래를 믿었지만

이제는
뭐 하나 믿지 못한다.

내가 가장 싫어하는 나

나를 미워하는 것이
가장 쉬웠다

후회하며 미워하고
자책하며 미워하고

질투하고
부러워하고

세상 한심한 눈으로
나를 째려봤다

언제쯤이면
나를 사랑할 수 있을까.

맛없을 텐데

나는 가끔
기분에 잡아먹힌다

즐거움을 선사해 주는 사람을 만나도
맑은 하늘과 선선한 바람
신나는 음악이 곁에 머물러도

기분이 배고픈 날엔
한입에 삼켜지고 만다

내가 할 수 있는 건
그저
기분이 배부르길 바라는 것뿐.

어둡고 포근한

밤을 좋아한다

한없이 밝은 빛이
발끝에 그늘을 만들지 않아서

활기차 보이는 구름이
그늘에 가려져서

밤은 그저
깜깜하고 묵묵한 나를
아무 말 없이
숨겨준다.

유난히 외로운 밤

많은 웃음을 먹은 날에는
더 큰 공허함이 밀려온다

집 문을 열고 들어오면
'혼자'라는 이름표가 가슴을 찌른다

나에게 웃음을 선사하는
감사한 사람들이지만

정작 그 만남이 끝나고 나면
더 짙은 외로움이 덮친다

함께한다는 것
혼자가 아니라는 것이

더없이 필요해지는 밤이다.

사라지지 않는 외로움

외로울수록
고독할수록

내면은 자라
생각은 깊어진다

비로소
나를 알게 되고
앞날이 그려진다

그럼에도 미운 이유는

아무리 성장해도
끝내 사라지지 않기 때문이다.

모자란 화가

잠들기 전
행복으로 가득한 내일을 그려본다

부족한 잉크를
꾹꾹 짜내어

아름다운 하늘을
반짝이는 사람들을
그리고 또 그린다

마침내 잉크가 다 떨어지고
나는 깨닫는다

아, 나를 안 그렸구나.

새벽 4시

새벽 4시를 좋아한다

눈꺼풀이 무거워지고,
걱정도 무겁게 내려앉는 그 시간

태양이
빼꼼 얼굴을 내밀면
그제야 안심하고 눈을 감는다

은은한 햇빛이
벽지를 적시기 시작하면

비로소
행복한 꿈에
풍덩 빠진다.

잠들고 싶은 꽃 한 송이

꿈속 푸르른 초원에
한 송이의 꽃이 되었으면

아무것도 떠올리지 않은 채
해가 저물도록 두었으면

꿈이라는 것도 모른 채
서서히
땅속으로 스며들었으면.

착각이길

이유 없이 나온 웃음을
행복이라고 착각했다

아니
행복이라는 착각이
착각인 건 아닐까?

취한 웃음

술은
이유 없이 나를 웃게 만든다

오랜만에 술을 찾았다
취기에 기댄 웃음을 찾았다

마음은 울고 있는데
술기운과 함께
입꼬리만 올랐다.

끝내 찾지 못한 것

한바탕 웃고 나면
문득 왜 웃었는지
이유를 찾게 된다

귀한 웃음 한 올을
어떻게든 잃지 않으려

감정의 물살을
걷어내고 또 걷어낸다.

내가 두려운 나

거울로
웃는 내 얼굴을 보면
어색해 눈을 피하게 된다

무언가 들킨 것만 같고
괜스레 부끄러워진다

그래서 가끔은
거울 속 그 사람이
나보다 나다운 것 같아
두렵다

어쩌면 나는
내 진심을 마주하는 게
가장 어려운 사람일지도 모른다.

자신이 없다

기대에 부응할 자신도
책임을 감당할 자신도
미래를 확신할 자신도 없다

이제는, 심지어

자신감 있던
나 자신도 없다.

후회

항상 남의 행복을 바랐다

한때는 사랑에게
한때는 관심에게
한때는 모두에게.

이미 토라진 나를
아차 싶어 돌아봤지만

그 아이는
희미해져

이제는
보이지 않았다.

거리

사람과 마음이 깊어지면
서로의 눈빛이 닮아간다

그가 눈으로 달콤함을 느끼면
내 눈은 알사탕이 되고

그의 눈이 상처 입으면
내 눈에선 피눈물이 흐른다

어떤 것에는 날 선 눈길을
또 어떤 것에는 온기를 담아 바라보며
함께 세상을 느낀다

그러다
시선이 같은 곳을 향하기 시작하면

내가 바라보는 시야에서
그가 사라질까 두려워진다.

나만 빼고 다 행복해 보일 때

사람들의 행복한 모습을 보며
그만 아파했으면 한다

"왜 나는…"
이라는 의문을
조용히 내려놓았으면 한다

한낱 부러움도
의미 없는 질투도
이제 그만 버렸으면 한다

살짝 지은 미소와 함께
그 순간을 넘겼으면 한다.

무관심

누구나 마음속에
티끌만 한 우울 하나쯤
품고 산다는 말에

문득
겁이 났다

나를 스쳐 지나간 사람이
나와 웃음을 나눈 사람이

혹시
벼랑 끝에 서 있었던 건 아닐까
위태로웠던 건 아닐까

뻗지 못한 손을
멍하니 바라볼 뿐이었다.

조용히 울던 날보다 조용히 참던 날이 더 아팠다

아무 말도 하지 않으면
나조차도 알 수 없다

괜찮은 척하면
정말 괜찮은 줄 안다

그러다 보면
진짜 모르게 된다

그래서
적어도 나에겐
진실해야 한다

마음의 병을 만들지 않는
유일한 방법이다.

하루쯤은

나는
항상 누군가의 행복을 바란다

매일 행복했으면
매일 웃었으면 한다

요즘은 그 바람이
부담이 되진 않을까 걱정이다

행복해야만 할 것 같고
웃어야만 할 것 같을까 봐

사실 알고 있다
매일 행복할 수 없고
매일 웃을 수 없다는 걸

그런데도
계속 바라게 된다

혹시나 신이 있다면
매일은 아니더라도

하루쯤은
행복을 줄까 해서

내 외침을 그만 듣고 싶은 마음에

사람들에게
하루의 행복이라도 줬으면 해서.

4. 행복해질 당신에게

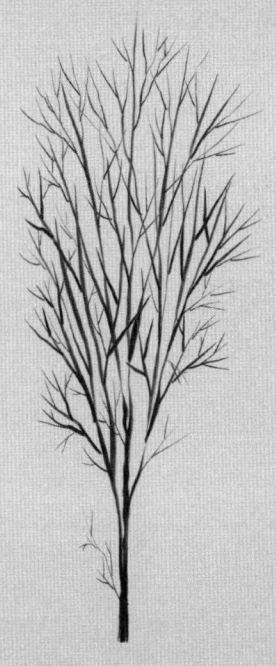

삶의 벼랑 끝에 놓인 사람에게

고통이 느껴지는 것이
너의 잘못은 아니라는 걸

그 누구도
너를 비난할 자격이 없다는 걸

성과와 결과 없이도
너는 충분히 빛나고 있다는 걸

그렇기에 너는
존재해야 한다는 걸

삶의 벼랑 끝에서는
앞이 아닌
뒤도 정답이 될 수 있다는 걸.

내가 빛다워질 수 있도록

어두울수록
빛은 더욱 빛다워진다

밤하늘에 터지는 폭죽도
도시를 채우는 건물의 불빛도
어둠 속에서 더 환하게 빛난다

만약 내가
감정의 바닥에 닿았다고 느낀다면

눈이 부시도록 웃고
귀가 먹먹할 만큼
큰 즐거움을 삼켜보자

이미 빛나고 있는 나를 찾을 때까지.

포기가 아니니까

모든 것이 부질없게 느껴지는 순간이 있다

밥을 먹는 것도
사람을 만나는 것도
심지어 살아가는 것조차 말이다

그런 순간이 찾아온다면
내가 진정으로 원하는 삶을 향해
빠르게 도망치자

그 삶이
어리석고 나태해 보여도 괜찮다

때로는 도망이 더 현명할 때도
멈춤이 꼭 필요할 때도 있으니까.

행복 뒤에 불안, 불안 뒤에…

행복은 항상 불안과 함께 다닌다

무언가를 이루어도
좋은 사람이 곁에 생겨도

우리는 늘 마음 한편에
'이 행복이 언제까지일까' 하는
무거운 불안을 안고 살아간다

그래서 우리는
막연히 행복을 만끽하지 못한다

그러니
불안할 때도
막연히, 그 불안을 만끽하지 말자.

아픈 것만큼 서러운 게 없더라

몸이 다치면
우리는 그저
상처가 아물기만을 바란다

어떤 고민도
걱정도 없이
그곳에만 집중한다

정작 건강할 땐
"다행이다" 한마디
하지 못하면서

조그마한 상처 하나만
한참을 들여다본다.

얻을 것 없는 싸움

날카로운 말
일방적인 증오가 섞인
파도 속에 뛰어들지 말자

평생 싸워야 할 상대는
나 하나뿐이다

그러니
의미 없는 혐오와
쓸데없는 비난에

아까운 힘을
쓰지 말자.

천천히 걷는 연습

급해지지 말자

마음도
생각도

너무 빠르게 달리다
보지 못하고
지나치는 것들이 없도록

멈추는 것이 두렵다면
느긋한 발걸음부터 시작해 보자.

세상이 원하는 속도

무언가 느리다고
뒤처지는 것 같다고
느끼는 순간들이 있다

확신이 서지 않고
나에 대한 믿음조차 없는
그런 시기가 있다

누구나 그런 시기가 존재하기에
아프다 얘기할 수도 없는 서러움

그 서러움이 쌓이고
또 쌓이다 보면

세상이 원하는 속도와

내가 원하는 속도가

다를 뿐이라는 걸 알게 된다.

이상한 용기

참 이상하게도
멈춰 있는 데에는
용기가 필요하다

뒤처짐을 감당할 용기
멈춤을 정당화할 용기

빠르고 멀리 가야 하는 세상이라서

아무것도 이루지 않아도 된다는 말에는
끝없는 용기가 필요하다.

살아가는 일의 모서리

차라리 정답이 있다면
얼마나 좋을까

매 순간마다
다가오는 선택마다
돌아오는 후회마다

머리를 옥죄지 않고
가슴을 부여잡지 않아도 되는

깔끔하게 정리된 길이 있다면
얼마나 좋을까

마음껏 걸어도
상처 하나 나지 않는
그런 길이 있다면

돌다가 다치고

닿고 나서야 알게 되는 일,

더는 없을 텐데.

살아가는 방식

필사적으로 살면
빠르게 지칠 수 있다

그렇다고
필사적으로 사는 사람에게
잘못됐다고 말할 순 없다

누군가에겐
빠른 속도가 필요할 수도 있다

지침에 익숙해진 사람일 수도 있다.

세상에 헛된 인생은 없기에

시간은 많지 않다

길게만 느껴지던 인생도
뒤돌아보면
참 짧은 순간들일 뿐이다

그래서 우리는
때로는 즐기고
때로는 최선을 다한다

맞는 인생은 없고
정답 또한 없다

그저
하고 싶은 대로,
책임질 뿐이다.

인생이 쓴 이유

인생은 쓰다

너무 달콤했다면
아무도 성장하려 하지 않았을 것이다

아무 맛이 없었다면
삶의 의미를 찾지 않았을 것이다

그래서 인생은
어떤 날엔 독약이 되기도 하고
어떤 날엔 만병통치약이 되기도 하며

늘 적당한 쓴맛을 품고 있다.

탓

굳이 누군가를 탓해야 한다면
차라리 세상을 탓하자

다른 사람을 탓하기엔
그 사람도 이번 생이 처음이고

나를 탓하기엔
유일한 내 편을 잃을 수도 있으니

한심해 보일지라도
구겨진 마음을
하늘에 펴 보이듯 소리치자.

감정은 왜 모아 두어야 할까

아무리 애써도
울고 웃는 날은
무표정한 날을 넘어서지 못한다

감정을 느낀다는 건
생각보다 드문 일이다

문득 찾아오는 웃음 하나
뜻밖에 쏟아지는 눈물 한 줄

그 몇 번을
두 손 모아 안아도
삶은 늘 부족하다.

원치 않아도 봐야 하는 이야기

세상에는
말도 안 되는 일이
참 많이 일어난다

도무지 흥할 리 없는 영화가
매일 상영된다

어떨 때는
해피엔딩이 없다는 생각조차 든다

하긴
어려울 것 같긴 하다

주인공이 80억 명인 영화라니.

웃음 속 담긴 우주

누군가의 미소는
그 사람의 모든 감정을 담은 작은 우주 같다

한 번의 미소
그 안에는
행복과 슬픔
고독과 희망이 얽혀 있다

미소의 힘은 우리가 상상하는 것보다 강하기에
그 속에서
모든 감정을 들을 수 있을 것만 같다

어쩌면 미소를 잊을 수 없는 이유는
그 안에 담긴 이야기가
너무나 궁금해서일지도 모른다.

피고 싶은 꽃

살면서 느낄
가장 큰 행복은
아직 찾아오지 않았다고 믿자

조그만 행복이 찾아와도
더 큰 행복이 올 거라 믿고
기대감에 부풀어 있자

말이 씨가 된다는 말이
씨가 되기를 바라며.

마음가짐

아침이 행복하면
그날이 행복하다

떨어지는 빗방울이
감성적으로 느껴진다면

내리쬐는 햇빛이
화사하게 느껴진다면

그날의 실수도
그날의 상처도

얕은 기억이 되어
서서히 스쳐 지나갈 것이다.

행복한 삶이 지어질 때

소중한 것이 많아지면

지킬 것이 늘어나고
책임감도 커지며
삶에 대한 미련도 깊어진다

그 소중함이 모여 하루가 되고
그 하루가 쌓여 삶이 된다

그렇게 비로소
우리는

행복한 삶을 살았다고
이야기할 수 있게 된다.

아쉬움조차 아쉬운 순간

아쉬운 순간이 있다

누군가를 만나고
그 만남이 끝나갈 무렵
문득 아쉬움이 밀려온다면

그 아쉬움을
꼭 전해주자

아쉬움은
더 보고 싶은 마음이자
덕분에 행복했다는 고마움이니까

"당신은 나를 아쉽게 하는 사람입니다."
라고,
용기 내어 전해보자.

어떻게 하면 행복해질 수 있을까?

당신은 이미
행복해지는 법을 알고 있다

햇살을 느끼는 일
숨을 고르는 일
마음을 나누는 일
사랑을 말하는 일

행복은 멀리 있지 않다는 말을
지겹도록 들어온 당신이니까

진짜 질문은
그 단순한 진실을
오늘도 믿을 수 있는가

행복은
찾는 것이 아니다.
기억해 내는 것이다.

한 켠

행복은
아침의 차 한 잔에도 담겨 있고
친구의 작은 문자에도 담겨 있다

나를 스치는 바람에도 실려 있고
내 주머니 속에도 들어있다

우리는 끊임없이
행복을 만들어내려고 하지만

행복은
그냥 있다

그저 놓치지 않으면 되는 것뿐.

지금의 나에게

내일을 떠올렸을 때
걱정이 앞서지 않기를

오늘을 마무리할 때
아쉬움이 남지 않기를

어제를 돌아볼 때
후회가 앞을 가리지 않기를.

작은 응원

행복하냐는 질문은 건네기 참 어렵다. 괜히 깊은 생각의 굴로 들어가게 만들고, 행복하지 않으면 안 될 것처럼 만든다. 그래서 이 질문은 "괜찮아?"라는 말로 바꾸곤 한다.

대답하기 쉬우면서, 부담이 덜 가는 질문. 이 질문에 대한 답은 긍정적인 경우가 많다. 정말 괜찮은 것인지, 단순한 대답인지는 본인만 알겠지만.

당신은 지금 괜찮은가? 누구에게도 대답하지 않아도 된다. 그저 괜찮냐는 질문을 마음속에 품고 살아줬으면 한다. 그 질문에 대한 답은 당신만 알고 있으면 된다.

만약 정말 괜찮지 않은 것 같다면, 누군가는 그 말을 꼭 듣고 싶어 한다는 사실을 잊지 않았으면 한다.

짐을 나누는 것을 모든 사람이 민폐라고 생각하진 않는다. 세상에는 당신을 소중히 여기는 사람이 많다. 아니라고 끝까지 부정하더라도, 나는 계속해서 얘기할 것이다. 당신은 소중하고, 대단하다.

괜찮냐는 질문을 들었을 때, 망설임이 없어지는 순간까지. 당신을 응원한다.

5. 행복과 눈이 마주치다

오늘은 오늘밖에 없으니까

나는 매일
오늘과 이별한다

무척이나 아름다웠던
오늘도 있었지만

대부분의 오늘은
얕은 기억으로 남아
빠르게 지워졌다

오늘에게 상처를 주고
또 다른 오늘과 살아가면서도

여전히
오늘을 소중히 여기지 못한다.

미안한 하루

또 하루가 갔다

아쉬운가?
후회되나?
만족하나?

솔직히, 잘 모르겠다

싱숭생숭
그 말이 가장 정확한 것 같다

소중한 하루에게 미안해지는
오늘이다.

나무

썩은 낙엽 하나
도려내지 못했다

새 꽃이 피리라
믿지 못했다

낙엽 하나 떨어졌다고
나무가 사라지는 건 아니라는 걸
이제야 깨달았다.

처음 그리고 시작

처음엔
행복을 쓰려 했다

일상 속에서
행복을 읽고
두리번거리며 찾았다

그러다 문득
내 문장을 읽고 있던
행복과 눈이 마주쳤다

지금은
행복에게 쓰고 있다.

신기한 마법

"행복해져라"

살면서 처음 듣는
마법 주문 같은 말인데

괜히 웃음이 나고
괜히 마음이 편안해진다

그렇구나
난
마법에 걸렸구나.

사랑, 사람

가장 좋아하면서
끝내 믿지 않는 것

시작하게 된다면
놓지 못해
한없이 안타까운 것

이유 없는 호의는 없고
대가 없는 배려도 없다는 걸
알고 있으면서도

결국 또
그들에게
빠질 게 분명한 것.

사랑, 그리고 행복

사랑이 찾아온 순간
나는 인생에서 가장 큰 행복을 느꼈다

그 행복을
보여주고
들려주고
느끼게 해주고 싶었다

적어도
그 사람만큼은
꼭 행복했으면 하는 마음뿐이었다

이제는 그 행복이
한낱 과거의 잔재로 남았지만

후회는 없다

그 사람이 아니었다면
그 짧은 행복조차
느껴보지 못했을 테니.

응원하고, 포옹하고, 이야기한다

가끔은
잘할 수 있을 거라는
자그마한 응원이 필요했다

가끔은
천천히 마음을 이어주는
따뜻한 포옹이 필요했다

가끔은
뜨거운 눈물을 흘릴
솔직한 이야기가 필요했다

그래서 난 오늘도
응원하고
포옹하고
이야기한다

혹시라도 누군가에게
내가 필요한 사람이길 바라며.

사랑하는 영감에게

영감을 사랑한다

노래를 듣다
문득 뇌리를 스치고

일상을 지나다
온몸이 짜릿해지는
그 순간을 사랑한다

가끔은
영감을 찾는 척
핑계를 대기도 하고
그 틈에 게으름을 숨기기도 한다

영감은 나의 안식처
내 손가락이 존재하는 이유

그래서 나는
그것을 사랑하고

끝내
필요로 한다.

나조차 비치는 투명함

투명한 것들이 좋다

열정 가득한 세상을 보여주는
우리 집 창문과

아침의 시작을 알려주는
시원한 물 한 잔

꾸밈없이 서로를 응원하는
바보 같은 친구들까지

특별한 색은 없지만
속이 훤히 들여다보이는 것들이

이상하게도
나를 가장 편안하게 만든다.

'나'라는 연필

나는 글을 쓸 때
가장 나다워진다

맡겨놓지도 않은 글을 뽑아내기 위해
마구잡이로 머리를 쥐어뜯고

초점 없는 눈으로
흰 종이를 바라보고 있는 나를 보면

한없이 초라한 내 모습을
한 치의 거짓 없이 마주할 수 있다.

내가 바라는 나

잉크에서
검은 점이 쓰이는 순간
이야기가 태어난다

지긋이 눌린 발자국이
하늘을 보게 되는 순간
우리는 꿈을 꾼다

작은 점은
세상을 관통하고

소심한 몸짓은
마음을 울린다

그리고 끝에는
내가 바라는 내가 있다.

필요한 버벅임

책을 읽고 나니
모든 책이 내게 말을 거는 건 아니라는 걸 알게 됐다

암벽을 오르다 보니
떨어지는 것도 올라가는 것만큼 중요하다는 걸 알게 됐다

농구공을 던지다 보니
찰나에 움츠리면 기회는 그냥 지나간다는 걸 알게 됐다

나는 이제 조금은 안다
완벽하지 않아도 괜찮다는 걸
추락은 실패가 아니라 과정이라는 걸

그리고
멈추지 않는 것만이
진짜 도전이라는 걸.

내가 들을 수 있도록

무언가를 시작하기 전
나는 조용히 숨을 들이쉰다

온 마음을 모아
작은 외침 하나를 꺼낸다

세상에서 가장 빠른 사람이
지금 출발선에 선다

누구보다 높은 곳에 닿았던 사람이
오늘도 다시 땅을 딛고 뛴다

정상이 어디인지 그리지 못하면
중턱에서도 길을 잃고 말 테니

이미 꼭대기에 서서
나를 바라보는 나에게

지금의 내가
힘껏, 소리친다.

꿈

거의 비어버린 물잔을 보며
이만큼이나 남았다
말하진 못하지만

야속하게 흐르는 시간 속에서도
아직 많은 시간이 남았다
안도하진 못하지만

십 분 전의 나보다
열 시간 전의 나보다
한 걸음 더 나아갔다고 믿는

그런 하루가 나의 꿈
그런 마음이 나의 꿈

시작과 끝

끝은 종종
시작보다 조용히 찾아온다

때로는
시작보다 더 많은 것을 품고 있을 때도 있다

그렇게
끝은 또 다른 시작이 되고

어느새 우리는,
새로운 시작의 끝을 두려워한다.

'나'를 사랑해야 하는 이유

슬퍼도 '나'고
화나도 '나'고

한심해도 '나'고
볼품없어 보여도 '나'다

'나'에 대해
가장 잘 아는 사람
그게 '나'이고

싫어도
평생 봐야 하는 사람
그것도 '나'다.

행복에 대한 오해

행복은
결과가 아니다

어디에 도착해야 하는
목적지도

숨겨진 상자 속
보물도 아니다

행복은
상태이다

누군가를 미워하지 않고
나 자신을 부끄러워하지 않는

'이대로도 괜찮다'라는 생각이
가슴 한가운데
조용히 자리 잡은 순간이다.

행복과 또 다른 행복 사이

이제 알았다

나는 행복을 좇으면서
행복에게 쫓기고 있었다

아무리 손을 뻗어도
닿지 않는 행복이 미웠고

등 뒤를 따라오던
익숙한 행복은 두려웠다

그래서 결국
잡을 수 없었다

나는 항상
앞선 행복과
놓친 행복 사이에
끼어 있었다.

내 세계와 함께하는 사람들에게

행복은
사람에게서 온다

누군가를 만나
마음이 편안해지고

누군가를 만나
과분한 사랑을 받고

누군가를 만나
진심으로 고마움을 느낄 때

우리는 비로소
행복하다고 느낀다

가까울수록 소중히
깊을수록 신중히

내 사람이라 부를 수 있는 이들을
천천히, 정성껏 안아가야 한다.

하루를 또 보내는 법

더 이상
행복하지 않다고
투덜대지 않기로 했다

목 놓아 부른다고
간절히 원한다고
찾아오는 게 아님을
이제 알았기에

우선 살아보기로 했다
그냥 지내보기로 했다.

다음 생의 나에게

가장 아름다운 순간을
기억에 새겨둘 것

하늘이 가장 하늘답고
기분이 가장 솔직한 날을
마음속 깊이 담아둘 것

늘 나로 살아가지만
유독 나로 사는 것 같은
그런 하루를 잊지 않을 것.

행복이 되는 꿈

내 꿈은
누군가의 구체적인 행복이 되는 것

"네 덕분에 행복해."
"너 때문에 웃는다."
그런 진심 어린 말을 듣는 것

그렇게, 비로소
나 또한 행복에 다다르는 것.

미래의 행복. 그곳을 향해

항상 행복해지기 위해 스스로를 검사했다. 괜찮은 사람을 만나고 있는지, 게으르지 않은 하루를 보내고 있는지, 꾸준히 무언가를 이루고 있는지.

좋아하는 것과 싫어하는 것에 이유를 붙이기 시작했다. 단순히 좋다는 이유로 몸을 움직이기엔, 마음과 이성이 납득하지 못했다. 싫어하는 것도 마찬가지였다. 좋아하는 것엔 하지 말아야 할 이유가, 싫어하는 것엔 해야 할 이유가 가득했다.

그러다 보니 나는, 검사가 필요 없는 삶을 향해 달려갔다. 마치 보물을 찾는 해적처럼. 배가 부서지는 줄도 모른 채, '행복'이라는 보물을 찾아 끝없는 항해를 이어갔다. 검사하지 않아도 되는, 그 자체로도 빛나는 삶이 있는 대륙을 향해서.

항해는 아직 멈추지 않았다. 아마 항해가 끝날 즈음엔, 지금 내가 타고 있는 배와 바라보는 풍경이 바로 그 행복이었음을 알아차릴 것이다. 아니, 사실 지금도 알고 있다. 다만, 인정하지 못했을 뿐. 언젠가는 긴 항해 끝에 지금, 이 순간을 온전히 만끽하는 날이 오기를 간절히 고대한다.

이제 그만

혹시 당신도
행복을 찾아 헤매고 있다면

부디 돌아갔으면 한다

책 너머로 보이는 풍경으로
행복으로.

행복한가?

초판 1쇄 인쇄 2025년 11월 13일
초판 1쇄 발행 2025년 11월 13일

지은이   오늘의 질문

디자인   포레스트 웨일
펴낸이   포레스트 웨일
펴낸곳   포레스트 웨일
출판등록   제2021 - 000014 호
주소   충청남도 아산시 탕정면 용머리길 40 유니콘101 216호
전자우편   forestwhalepublish@naver.com

종이책   979-11-94741-64-0

ⓒ 포레스트 웨일 | 2025
· 이 책은 저작권법에 의하여 보호받는 저작물이므로 무단 전재와 복제를 금합니다.
· 이 책 내용의 전부 또는 일부를 이용하려면 사전에 저작권자와 포레스트 웨일의 서면 동의를 얻어야 합니다.

작가님들과 함께 성장하는 출판사
포레스트 웨일입니다.
작가님들의 소중한 원고를 받고 있습니다.
forestwhalepublish@naver.com